三國志

이희재 삼국지

8

중원이 셋으로 나뉘다

Humanist

작가의 말

　　《삼국지》에는 숱한 이야기의 물줄기가 흘러갑니다. 잔잔한 수면 위에 파동이 일기도 하고, 장대비가 내리치며 홍수가 이는가 하면, 거센 파도가 밀려와 평온한 마을을 덮치기도 합니다. 사람과 사람, 세력과 세력이 맞물리고 부딪치며 대륙을 질러가고, 산과 들을 굽이돌아 흐르며 천지를 뒤흔듭니다. 1800여 년 전, 고대 중국에서 구름처럼 일었던 인물들의 이야기입니다.

　　천지가 요동쳐도 흔들림이 없는 관우, 감정에 충실한 용맹의 사나이 장비, 인의의 뜻을 따르며 어질기 그지없는 유비, 이상을 품고 초막에 누워 있다 유비를 따라나선 풍운의 지략가 제갈공명, 사람을 버리고 얻는 데 실리를 좇으며 천하 제패에 다가서는 조조, 무도한 행동으로 배신의 대명사가 된 여포, 그 밖에도 손권·주유·원소·공손찬·조자룡·태사자·방통·황충·마초·강유·사마의 등등…. 실로 수백수천의 영웅호걸들이 활개를 칩니다. 어떤 이는 힘과 용기로, 또 어떤 이는 머리와 꾀로, 밀고 당기고 치고 빠지며 천하를 종횡합니다.

어렵고 긴 내용을 경쾌하게 만날 수 있다는 것이 만화의 장점입니다. 한 권에 수백 쪽이 넘는 활자책을 이백여 쪽의 시각 조형으로 구성하는 일은 제한된 지면의 절대 공간과 싸우는 일이었습니다. 《삼국지》를 만화로 만드는 과정은 원작의 큰 줄기를 살리고 곁가지들을 솎아 내는 일이기도 하였습니다. 나관중 원작에서 벗어난 부분을 살피고, 중국 민중들 사이에서 입으로 전해지는 에피소드를 일부 보탰습니다.

흔히 《삼국지》를 세상살이를 읽는 책이라고 합니다. 세상을 살아가며 사람 사이의 관계를 헤아리고 자신을 돌아보며 성찰을 이끌어 내는 내용이기 때문일 것입니다. 한 번쯤 읽어야 할 고전이며 한 번쯤 걸어야 할 길이라는 의미이기도 합니다. 《이희재 삼국지》는 아이와 부모가 함께 읽을 수 있는 책으로, 부모들이 먼저 읽고 자녀들에게 권하는 만화입니다. 《삼국지》의 무대 속으로 들어가 시간 여행을 하기 바랍니다.

2016년 7월
이희재

등장인물

유비·유선
한중 싸움에서 승리를 거둔 유비는 측근들의 권유로 한중왕에 오르고 유선을 세자로 삼는다.

관우
조조군을 공격해 양양을 얻는 등 크게 활약하지만, 동오의 계략에 휘말려 어려운 싸움을 이어 나간다.

장비
조조군과 지루한 대치전을 벌이던 중 계략을 써서 장합과 맞선다.

황충
나이가 들었음을 염려하여 주변에서 출전을 말리지만, 노장의 힘을 과시하며 젊은이 못지 않은 투지를 보인다.

조조
한중 싸움이 지지부진해지자, 퇴각을 결정한다. 이어 손권에게 손을 내밀어 유비를 칠 계략을 세운다.

헌제
허수아비 노릇을 하던 헌제는 조조의 아들 조비의 압력을 이기지 못하고 결국 황제 자리를 내주고 만다.

방덕
번성이 관우에게 포위되자, 구원에 나선다. 죽음도 불사하겠다는 의미로 관을 지고가 전의를 불태운다.

사마의
조조의 군사 전략가. 유비가 한중왕이 되었다는 소식에 흥분한 조조에게 서천을 공격할 계략을 낸다.

손권
관우가 번성을 치기 위해 형주를 비우자, 여몽을 보내 공격하도록 한다.

여몽
동오의 대도독. 병을 핑계로 관우를 안심시킨 후 군사를 이끌고 형주로 향한다.

조비와 조식
조비는 아버지 조조의 뒤를 이어 왕위에 오른 후 왕권 강화를 위해 동생들과 경쟁한다. 조비의 눈 밖에 난 조식은 형제의 근본을 일깨우는 시를 지어 위기에서 벗어난다.

차례

작가의 말 4
등장인물 6

제1장	장비와 황충이 선봉에 서다	11
제2장	정군산 전투	33
제3장	유비, 한중왕에 오르다	53
제4장	방덕이 관을 지고 관우에게로	73
제5장	바둑을 두며 뼈를 깎다	89
제6장	죄어드는 형주성	107
제7장	관우, 죽음을 맞다	127

제8장	**관우여, 생사를 함께하자더니**	151
제9장	**조조도 세상을 떠나고**	171
제10장	**콩과 콩깍지는 원래 한 뿌리에서 자랐건만**	187

■ 연표　　　　　　　　　　　　　　　　211

■ 일러두기
- 이 책에서 말하는 《삼국지》는 진수가 쓴 정사 《삼국지》가 아니라 나관중이 지은 소설 《삼국지연의》를 뜻합니다.
- 《삼국지》에는 유비·조조처럼 성과 이름으로 부르는 경우와, 현덕(유비)·맹덕(조조)처럼 자로 부르는 경우가 뒤섞여 있습니다. 상대방을 이름으로 부르는 것은 자신보다 지위가 낮거나 어린 사람인 경우, 또는 싸움에서 상대를 무시할 때 등이고, 보통은 이름 대신 자를 부르는 것이 관례입니다. 이 책에서는 공명(제갈량)이나 자룡(조운)처럼 자가 널리 알려진 몇몇 인물만 자와 이름을 혼용해 썼고, 그 외 인물 대부분은 혼란을 줄이기 위해 성과 이름으로 표기했습니다.
- 지명은 〈외래어 표기법〉 대신 소설에서 널리 쓰인 관용 표기를 따랐습니다. 예를 들어 洛陽을 뤄양이라 하지 않고 낙양처럼 우리 한자음 읽기를 했습니다.
- 이 책에 실린 지도와 연표는 《삼국지》의 이해를 돕기 위한 것으로 실제 역사와는 차이가 있습니다.

제1장

三國志

장비와 황충이 선봉에 서다

- **교병계** 상대를 교만에 빠뜨려 방심하도록 하는 계략.

제2장

三國志

정군산 전투

• **염파** 전국 시대 조나라의 명장. 노년에도 젊은 장수들 못지않은 완력을 과시했다. '문경지교'라는 유명한 고사성어의 주인공이기도 하다.

유비의 한중 정벌 소식에 화들짝 놀란 조조는 40만 대군을 이끌고 한중으로 향했다.

한중이 유비의 손에 넘어가면 촉의 힘은 두 배가 된다.

서둘러라! 유비를 잡으러 가자!

귀 큰 놈이 우리를 흔들게 놔 둬선 안 된다.

그 무렵, 황충을 선봉으로 한 촉군은 험난하기 짝이 없는 정군산에서 하후연과 공방을 벌이고 있었다.

한편, 황충의 승전에 힘입은 유비는 전열을 가다듬고 있었다.

장합이 미창산에 있는 군량과 마초를 죄다 북산으로 옮기고 있습니다.

대군을 이끌고 온 조조가 곡식과 말먹이가 모자랄까 걱정이 되나 봅니다.

지금 적진 깊숙이 한 사람을 보내 곡식과 마초를 태워 버린다면

조조의 날카로운 기세를 꺾어 놓을 수 있습니다.

군사, 이 늙은이가 다시 나서 보리다.

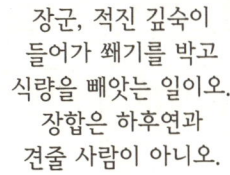

장군, 적진 깊숙이 들어가 쐐기를 박고 식량을 빼앗는 일이오. 장합은 하후연과 견줄 사람이 아니오.

목숨을 아끼면 아무 일도 해낼 수 없습니다. 반드시 장합의 목을 베어 오겠습니다.

제2장 정군산 전투 43

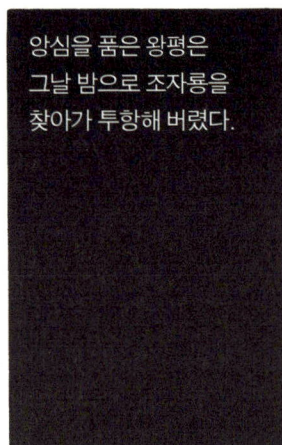

제3장

三國志

유비, 한중왕에 오르다

• **건안** 후한 헌제 때의 연호.

제4장

三國志

방덕이 관을 지고 관우에게로

다음 날, 관우는 요화를 선봉장으로 삼아 번성을 향해 진격했다.

자, 이제 안심하고 번성을 치러 가자!

번성

관우군이 휘몰아 오자 겁을 먹은 조인군은 제대로 싸워 보지도 않고 뭉그러졌다. 다급해진 조인은 그닐로 군사를 싱안으로 거둬들였다.

제5장

三國志

바둑을 두며 뼈를 깎다

화살촉의 독이 이미 뼛속까지 스며들었습니다. 빨리 치료하지 않으면 이 팔은 영영 쓰시지 못하게 됩니다.

고칠 수 있겠소?

예, 하지만 견디기 힘든 고통이 따릅니다.

수십 년 동안 죽음을 헤치며 살아온 나요. 무엇이 두렵겠소?

날카로운 칼로 살갗을 찢어 뼈를 드러낸 후 스며든 독을 긁어내야 합니다.

….

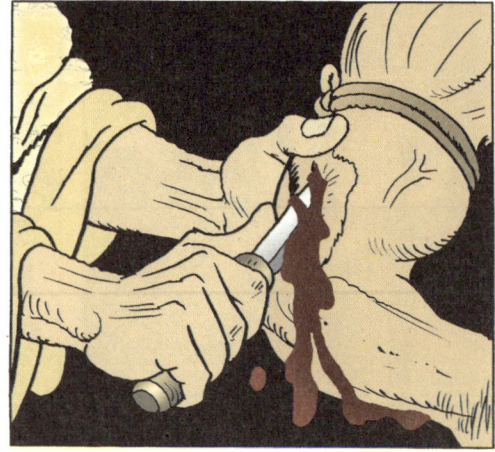

제6장

三國志
죄어드는 형주성

우금을 잡고 방덕을 벤 관우의 기세에 조조는 머리칼이 솟구쳤다.

"맹장 우금이 사로잡히고, 방덕마저 관우의 칼날에 죽고 말았소."

"관우가 형주와 양양을 틀어쥐었으니 범이 날개를 단 셈이오."

"관우가 이 기세로 허도로 밀고 들어오면 어찌 되겠소? 아무래도 도읍을 옮겨야겠소."

"아니 됩니다."

"이번 패배는 폭우가 관우를 도왔던 탓이지 우리가 약했기 때문이 아닙니다."

"다시 동오에 사람을 보내 손권을 움직이십시오."

"손권에게 관우의 뒤를 치게 하면 번성의 어려움은 절로 풀릴 것입니다."

장제

사마의

조조는 동오로 사신을 보내는 한편, 서황에게 군사 5만을 주어 관우의 기세를 꺾게 했다.

물질 잘하는 군사들은 흰옷을 입혀 장사치로 위장하게 한 뒤 노를 젓게 하고, 골라 뽑은 군사들은 모두 선창 안에 숨어 있게 했다.

제7장

三國志

― 관우, 죽음을 맞다

• **강태공** 전국 시대 주나라의 정치가로 본명은 강상. 정치적 역량뿐 아니라 병법에도 조예가 깊었다.

건안 24년,
관우는 그 숨을 다했다.
그의 나이 쉰여덟이었다.

제8장

三國志

관우여, 생사를 함께하자더니

여러 날을 목메어 울던 관우의 적토마는 끝내 죽고 말았다.

"관우의 혼령이 여몽을 죽였소. 내게도 해코지를 할까 봐 두렵소."

"관우의 목을 벤 것은 재앙을 불러들인 것이나 마찬가지입니다."

"그게 무슨 말씀이시오?"

"관우는 유비와 형제의 의를 맺고 한날한시에 죽기로 맹세한 자가 아닙니까."

"유비는 관우가 죽은 것을 알면 결사적으로 복수전을 벌일 것입니다."

"아차! 내가 계책을 잘못 썼구나."

"이 일을 어쩌면 좋을꼬?"

"촉과의 정면 충돌을 피할 수 있는 방법이 있습니다."

"어서 말해 보시오. 그게 무엇이오?"

"이렇게 하십시오."

"오!"

관우가 죽던 날 밤, 장군 별 하나가 형주 쪽으로 떨어졌다.

공명은 관우의 죽음을 짐작했다.
유비는 까맣게 모르고 있었다.

갑자기 불이 꺼지다니 바람이 불었나?

"전군에 출동 명령을 내리고, 속히 낭중에 있는 장비에게 이 소식을 전하시오."

성도는 급박하게 돌아가기 시작했다.

"너무 염려 마십시오. 관 장군 같은 지략가가 쉽게 당하기야 하겠습니까?"

"만약 관우에게 무슨 일이 생긴다면 나는 살아갈 수 없소."

"어디서 온 파발이냐?"

"맥성에서 온 급보입니다!"

"관 장군께서 맥성을 빠져나가시다 오군에 사로잡혀 돌아가셨습니다."

"내 아우를 죽인 손권의 목을 베어 한을 씻을 것이오."

"아아! 관우야, 내 아우야!"

"아우님을 보내고 내 어찌 홀로 살 수 있을까? 아아!"

"복사꽃 아래서 맹세한 뒤 30여 년 세월을 함께 비바람 맞고 서리 바람 헤쳐 오지 않았더냐?"

제9장

三國志

조조도 세상을 떠나고

• **편작** 죽은 사람도 살려 낼 만큼 의술이 뛰어났다는 전국 시대의 명의.

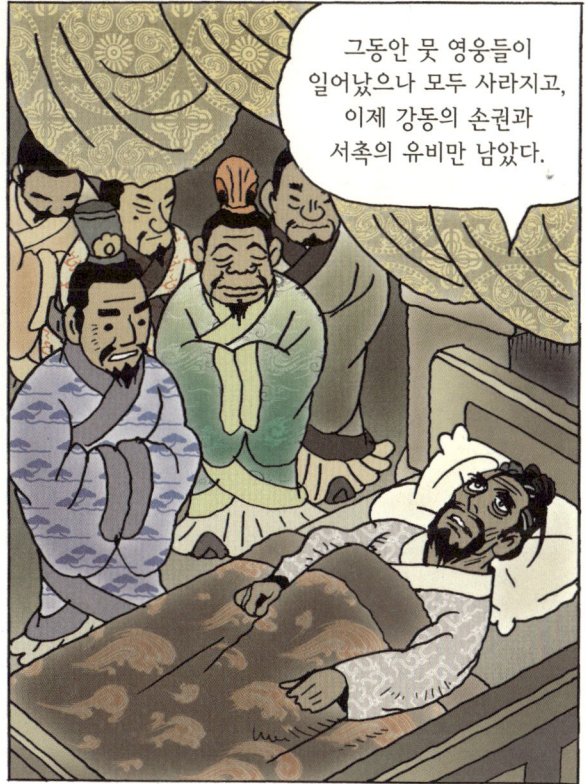

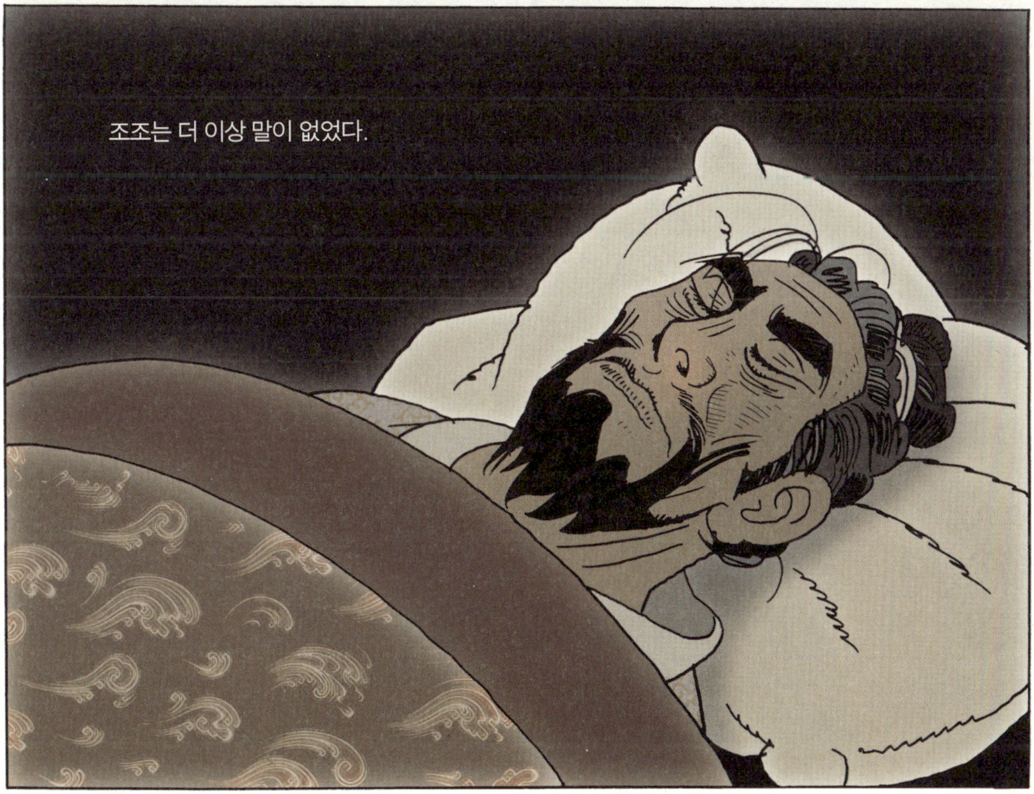

제10장

三國志

― 콩과 콩깍지는
원래 한 뿌리에서 자랐건만

제10장 콩과 콩깍지는 원래 한 뿌리에서 자랐건만

"약속대로 목숨은 살려 주마. 하지만 아직도 천하가 어지러워 나라의 안정이 필요한 시기이니 각별히 자중하기 바란다."

조비는 죽이기에는 아우가 너무 아까운 인물인 것을 깨닫고 벼슬만 낮춰 보냈다.

이 무렵, 유비의 보복을 두려워한 맹달이 조비에게 투항해 왔고,

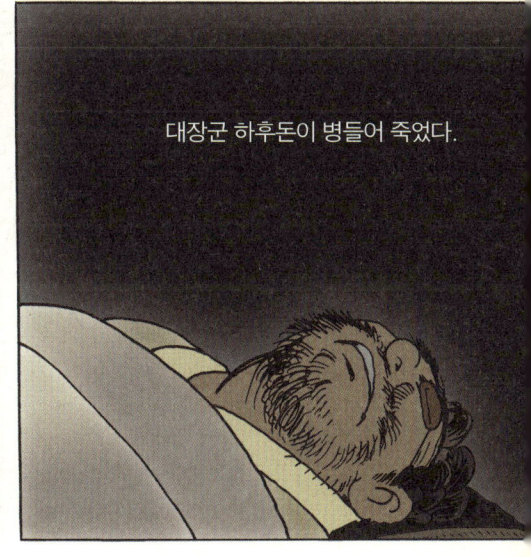

대장군 하후돈이 병들어 죽었다.

• **가화와 감로** 가화는 낟알이 많이 달린 벼이고, 감로는 세상이 안정되어 평안할 때 하늘에서 내린다는 이슬이다.

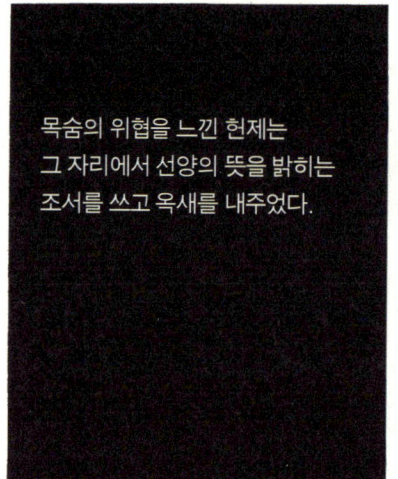

그해 10월, 수선대가 완공되자 헌제는 만백성이 지켜보는 가운데 몸소 옥새를 조비에게 바쳐 올렸다.

■ 형주 싸움과 관우의 패퇴

유비가 한중왕에 올랐다는 소식에 분노한 조조는 형주를 치기 위해 동오와 힘을 합치려 하고, 성도를 차지한 유비는 관우에게 번성을 공격하라 명한다. 기회를 엿보던 손권은 형주를 얻기 위해 출병을 결정한다.

❶ 관우는 요화를 선봉장으로 삼아 조인이 지키고 있는 번성을 향한다.

❷ 조인은 양양에서 관우군의 공격을 막으려 하나, 하후존과 군사의 태반을 잃고 번성으로 퇴각한다.

❸ 조조는 우금과 방덕을 보내 조인을 구원하여 관우를 몰아붙이지만, 관우는 큰비가 오는 틈을 이용해 수공으로 적의 진채를 쑥대밭으로 만든다. 조조는 다시 동오에 사신을 보내 손권을 움직이게 한다.

❹ 관우는 동오의 장수 육손을 얕보고 번성 공략에 힘을 쏟는다. 틈을 노리던 손권은 여몽을 보내 형주를 치도록 한다. 기습을 당한 형주성은 제대로 맞서지 못한 채 성을 내주고 만다.

❺ 관우는 서황군과 맞서지만 번성에 있던 조인이 합세하면서 위기를 맞는다. 형주로 돌아가려 해 보나 이미 여몽에게 빼앗겼다는 소식을 듣고 맥성으로 피신한다. 이후 요화를 시켜 유봉에게 구원을 요청하지만 유봉은 움직이지 않는다.

❻ 아들 관평과 함께 맥성을 탈출하려던 관우는 동오군에 붙잡힌다

→ 조조군 진군 경로
→ 관우군 진군 경로
⇢ 관우군 퇴각 경로
→ 동오군 진군 경로

■ 연표

218 유비가 한중을 노리다.
유비가 한중을 침범하자 조조는 조홍을 보내 방어하게 한다. 이때 장비가 꾀를 내 장합을 크게 이긴다. 장합이 다시 가맹관을 공격해 보지만 노장 황충의 용맹을 이기지 못한다. 이어 황충과 엄안이 협공하여 하후덕이 지키고 있던 천탕산을 점령한다.

정군산 싸움
유비는 한중을 완전히 장악하기 위해 정군산을 치기로 한다. 유비의 진군 소식에 조조는 대군을 이끌고 방어에 나선다. 황충은 제갈량이 추천한 법정과 함께 출전해 하후연을 베고 정군산을 손에 넣는다.

219 유비가 한중왕에 오르다.
이후 몇 번의 싸움과 대치가 이어지다가 조조가 회군하면서 유비가 한중을 차지한다. 주변의 권유로 한중왕에 오른 후에는 유선을 세자로 삼고 제갈량에게 나랏일을 맡긴다. 이어 관우·장비·조자룡·황충·마초를 오호대장군으로 세워 그들의 공을 치하한다.

손권이 관우를 회유하다.
손권은 제갈근을 관우에게 보내 관우의 딸과 자신의 아들을 혼인시키자고 한다. 관우가 거절하자 손권은 조조를 부추겨 관우를 공격하게 하고, 자신들은 관우가 자리를 비운 틈을 노려 형주를 치기로 한다.

관우가 우금과 방덕을 사로잡다.
관우는 조조와 손권의 공격을 받기 전에 미리 양양을 쳐 손에 넣고 번성을 포위한다. 조조의 명을 받은 우금과 방덕은 조인을 구해 보려 하지만 관우 앞에 무릎을 꿇고 만다.

조조와 손권이 다시 손을 잡다.
관우의 위세에 눌린 조조는 다시 손권에게 손을 내밀고, 손권은 맹장 여몽에게 형주의 움직임을 살피게 한다. 여몽은 일부러 병중인 것처럼 주변을 속인 후 육손을 자신 대신 방어에 나서게 한다. 관우는 신임 대장 육손을 얕잡아 보고 형주군을 이끌고 번성을 치러 나선다. 이 틈을 노린 여몽이 형주성을 점령한다.

관우가 위험에 빠지다.
형주 소식을 들은 조조는 서황을 보내 번성에 갇힌 조인을 구하도록 한다. 서황과 조인이 앞뒤에서 몰아치자 관우군의 기세는 크게 꺾여 맥성으로 쫓겨 간다.

맥성에서 별이 지다.
관우는 측근 요화를 유비의 수양아들인 유봉에게 보내 구원을 요청해 보지만 구원군은 오지 않는다. 동오에서는 제갈근을 보내 회유하려 했으나 관우는 거절하고 탈출을 감행하다 사로잡혀 죽고 만다.

220 조조가 죽다.
유비가 보복할 것을 우려한 손권은 관우의 머리를 조조에게 보낸다. 이후 병이 든 조조는 끝내 회복하지 못하고 죽음에 이른다.

조비가 왕위에 오르다.
조조가 죽은 후 장남 조비가 뒤를 잇는다. 차남 조창이 왕위를 노리고 왔으나 가규의 중재로 군사를 물린다. 이후 조비는 벼슬아치들의 자리를 높여 조정의 인심을 모으는 등 왕권 강화에 나선다.

헌제가 황위를 내놓다.
조비의 압력을 이기지 못한 헌제는 끝내 옥새를 조비에게 넘겨주고 만다. 광무제가 재건한 후한의 역사는 헌제에 이르러 끝이 난다.

이희재 **삼국지 8** 중원이 셋으로 나뉘다

글 그림 | 이희재
원작 | 나관중
만화 어시스트 | 황철주(구성), 유병윤 장모춘(데생), 고은미 지혜경(채색)

초판 1쇄 발행일 2016년 11월 30일

발행인 | 김학원
경영인 | 이상용
편집주간 | 김민기 위원석 황서현
기획 | 문성환 박상경 임은선 김보희 최윤영 전두현 최인영 이혜인 이보람 이효온
디자인 | 김태형 유주현 구현석 박인규 한예슬
마케팅 | 이한주 김창규 이정인 함근아
저자·독자 서비스 | 조다영 윤경희 이현주 (humanist@humanistbooks.com)
스캔·출력 | 이희수 com.
조판 | 프린웍스
용지 | 화인페이퍼
인쇄 | 삼조인쇄
제본 | 정성문화사

발행처 | (주)휴머니스트 출판그룹
출판등록 | 제313-2007-000007호(2007년 1월 5일)
주소 | (03991) 서울시 마포구 동교로23길 76(연남동)
전화 | 02-335-4422 팩스 | 02-334-3427
홈페이지 | www.humanistbooks.com

ⓒ 이희재, 2016

ISBN 978-89-5862-155-3 07910
ISBN 978-89-5862-158-4 (세트)

이 도서의 국립중앙도서관 출판예정도서목록(CIP)은 서지정보유통지원시스템 홈페이지(http://seoji.nl.go.kr)와 국가자료공동목록시스템(http://www.nl.go.kr/kolisnet)에서 이용하실 수 있습니다.(CIP제어번호: CIP2016026489)

만든 사람들

기획 | 위원석 (wws2001@humanistbooks.com)
편집 | 고흥준 이영란 이혜인
디자인 | 김태형 박인규
지도 | 임근선

• 이 책은 저작권법에 따라 보호받는 저작물이므로 무단전재와 무단복제를 금합니다. 이 책의 전부 또는 일부를 이용하려면 반드시 저자와 (주)휴머니스트 출판그룹의 동의를 받아야 합니다.